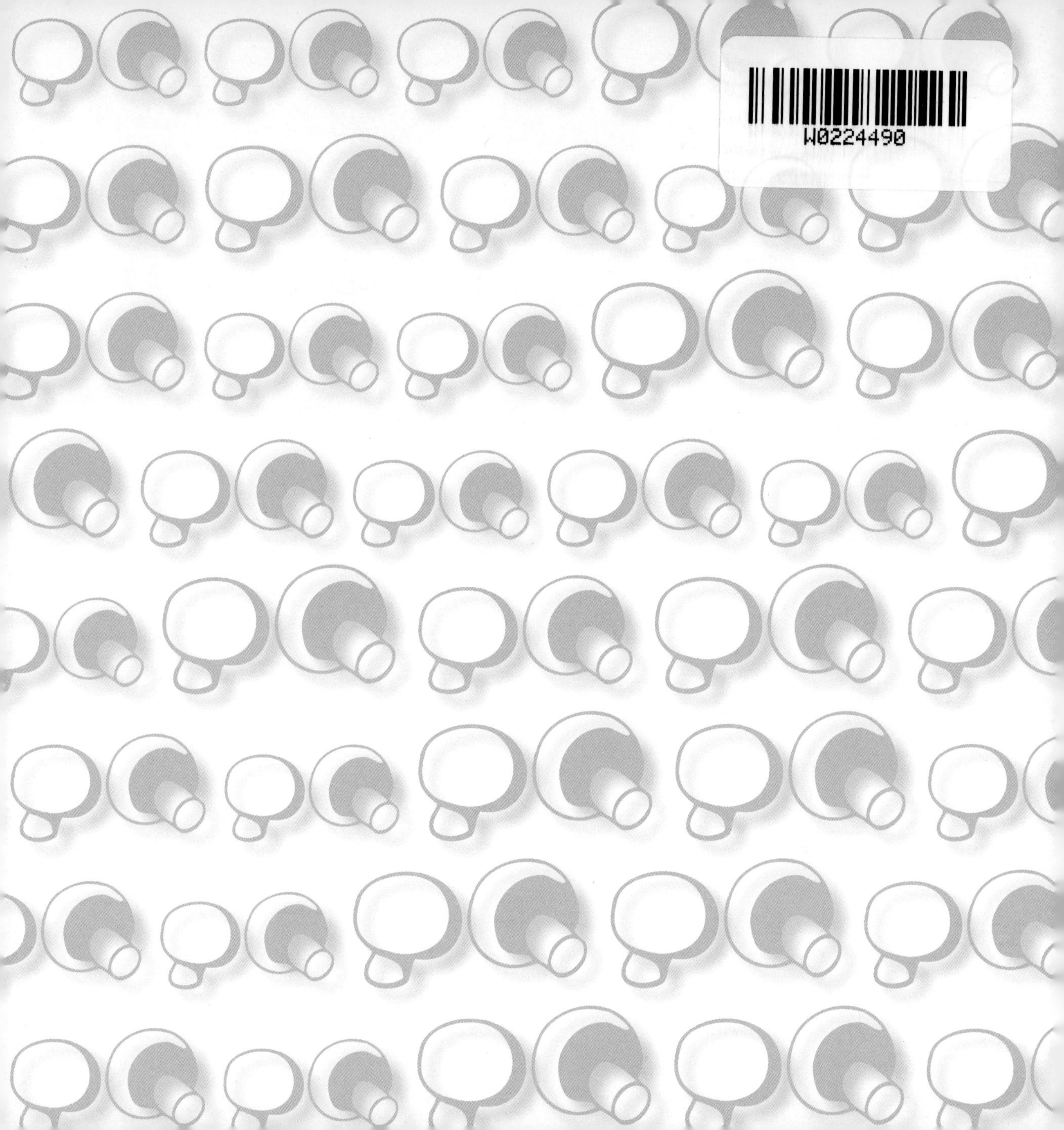

Köstliche Pilzzeit

Köstliche Pilzzeit

Neue Rezepte mit Steinpilz, Pfifferling und Co.

Jan Thorbecke Verlag

VERLAGSGRUPPE PATMOS

PATMOS
ESCHBACH
GRÜNEWALD
THORBECKE
SCHWABEN

Die Verlagsgruppe
mit Sinn für das Leben

MIX
Papier aus verantwortungsvollen Quellen
FSC® C043106
FSC
www.fsc.org

Für die Schwabenverlag AG ist Nachhaltigkeit ein wichtiger Maßstab ihres Handelns. Wir achten daher auf den Einsatz umweltschonender Ressourcen und Materialien.

www.thorbecke.de

Umschlaggestaltung: Finken & Bumiller, Stuttgart
Alle Abbildungen: StockFood GmbH München
Rezepttexte: StockFood Rezepte-Team (Cathrin Fischer, Elisabeth Gerich und Kathrin Ertl)
Druck: Grafisches Centrum Cuno GmbH & Co. KG, Calbe
Hergestellt in Deutschland
ISBN 978-3-7995-0672-4 (Print)
ISBN 978-3-7995-0698-4 (eBook)

Inhalt

Für den kleinen Hunger

Für jeden Tag

Für besondere Anlässe

Pilzragout auf knusprigem Weißbrot

Manchmal muss es einfach schnell gehen: Dieses Gericht ist die perfekte kleine, feine Pilzmahlzeit für zwischendurch.

1–2 Thymianzweige
500 g kleine braune Champignons
2 Knoblauchzehen
2 EL Olivenöl
2–3 EL Balsamico
½ TL brauner Zucker
Salz und Pfeffer
8 Scheiben Weißbrot
grobes Meersalz

Für 4 Personen

Zubereitungszeit: 15 Minuten
Garzeit: ca. 10 Minuten

Die Thymianzweige abbrausen, trocken schütteln und die Blätter von den Zweigen zupfen. Die Champignons putzen und in Scheiben schneiden. Den Knoblauch schälen und fein hacken. Das Olivenöl in einer Pfanne erhitzen und den Knoblauch darin bei mittlerer Hitze andünsten. Die Pilze dazugeben und unter Rühren 3–4 Minuten braten. Mit dem Balsamico ablöschen, mit dem braunen Zucker bestreuen und weitere 3–4 Minuten braten, bis der Essig fast vollständig einreduziert ist. Mit Salz und Pfeffer abschmecken. |
Die Weißbrotscheiben im Toaster rösten. Die Pilze auf den Brotscheiben verteilen und mit dem Thymian und etwas Meersalz bestreut servieren.

Omelett mit gebratenen Pilzen

Bereiten Sie diese Omeletts zu, wenn der Hunger groß und die Zeit knapp ist: Mit diesem Rezept zaubern Sie im Nu ein köstliches Pilzgericht, das richtig satt macht!

350 g frische Pilze (z. B. Braunkappen)
1 Zwiebel
3–4 EL Rapsöl
Salz und Pfeffer
10 Eier
100 g Sahne
2 EL frisch gehackter Thymian

Für 4 Personen

Zubereitungszeit: 10 Minuten
Garzeit: ca. 15 Minuten

Die Pilze putzen und in feine Scheiben schneiden. Die Zwiebel schälen und würfeln. 1 EL Rapsöl in einer Pfanne erhitzen und die Pilze zusammen mit den Zwiebelwürfeln darin braten, bis die Pilze leicht gebräunt sind. Mit Salz und Pfeffer würzen und beiseite stellen. | Die Eier mit der Sahne verquirlen und mit Salz und Pfeffer würzen. Ein wenig von dem restlichen Rapsöl in einer beschichteten Pfanne erhitzen, ¼ der Ei-Masse hineingießen, etwa 1 Minute stocken lassen und mit etwas Thymian bestreuen. Bei geschlossenem Deckel 1–2 Minuten vollständig zu einem Omelett stocken lassen. Auf diese Weise vier Omeletts ausbacken. Vor dem Servieren die Pilze auf den Omeletts verteilen und servieren.

Gebratene Pilze mit Knoblauch und Wildreissalat

Dieses Pilzgericht glänzt mit seinen kräftigen Farben und Aromen: Die mit Knoblauch aromatisierten Pilze werden ergänzt durch einen fruchtig frischen Wildreissalat mit Kräutern, Beeren und Zitrone.

200 g Wildreis
Salz
½ TL gemahlener Kreuzkümmel
100 g Mandelkerne
100 g Gojibeeren oder Cranberrys
1 große Zwiebel
3–4 Handvoll gemischte Kräuter (z. B. Petersilie, Selleriegrün, Minze, Koriandergrün)
1 unbehandelte Zitrone, Saft und geriebene Schale
4 EL Nussöl
Pfeffer
4 frische Knoblauchzehen
600 g Riesenchampignons oder Shiitake
2 EL Rapsöl

Für 4 Personen

Zubereitungszeit: 30 Minuten
Garzeit: ca. 50 Minuten

Den Wildreis mit 400 ml Wasser, Salz und dem Kreuzkümmel aufkochen, bei schwacher Hitze ca. 40 Minuten gar köcheln und anschließend abkühlen lassen. |

Die Mandelkerne in einer Pfanne ohne Fett anrösten, bis sie duften, herausnehmen und grob hacken. Die Beeren grob hacken. Die Zwiebel schälen und fein würfeln. Die Kräuter abbrausen, trocken schütteln und die Blätter hacken. |

Den Wildreis mit den Mandeln, den Beeren, den Zwiebelwürfeln, den Kräutern sowie dem Zitronensaft und der Zitronenschale in eine Schüssel geben. Das Nussöl untermischen und mit Salz und Pfeffer abschmecken. |

Den Knoblauch schälen und fein reiben oder pressen. Die Pilze putzen, harte Stiele entfernen und die Pilze in Scheiben schneiden. Das Rapsöl in einer Pfanne erhitzen und die Pilze darin unter Wenden bei hoher Hitze 2–3 Minuten braten. Dann den Knoblauch untermischen und weitere 3–4 Minuten braten. Die Pilze mit Salz und Pfeffer abschmecken und mit dem Wildreissalat servieren.

Gefüllte Riesenchampignons mit Oliven, Tomaten und Feta

Diese mediterran gefüllten Riesenchampignons sind eine wunderbare Vorspeise oder ein leichtes Mittag- oder Abendessen. Servieren Sie einen knackigen Salat dazu.

8 Riesenchampignons
3 EL Olivenöl
6 Tomaten
1 rote Zwiebel
60 g Feta
50 g schwarze Oliven, in Scheiben
1 EL frisch gehackte glatte Petersilie
Salz und Pfeffer

Für 4 Personen

Zubereitungszeit: 20 Minuten
Garzeit: ca. 15 Minuten

Den Backofen auf 220 °C Ober- und Unterhitze vorheizen. | Die Riesenchampignons putzen, die Stiele entfernen und diese anderweitig verwenden. Die Pilzköpfe von allen Seiten mit dem Olivenöl bepinseln und mit der Öffnung nach oben auf ein mit Backpapier ausgelegtes Backblech setzen. Im Backofen ca. 15 Minuten garen. | In der Zwischenzeit die Tomaten waschen, vierteln, entkernen und würfeln. Die rote Zwiebel schälen und fein würfeln. Den Feta zerbröckeln. Die Tomaten- und Zwiebelwürfel, den Feta, die schwarzen Oliven und die Petersilie mischen. Diese Mischung in die gegarten Pilzköpfe füllen, mit Salz und Pfeffer würzen und servieren.

Überbackene Pilze mit Brie und Pesto

Champignons werden mit cremigem Brie überbacken und mit selbst gemachtem Pesto gewürzt – das ist Wohlfühlessen vom Feinsten!

Für die Pilze:
8 große Champignons
2–3 EL Olivenöl
Salz und Pfeffer
200 g Brie
1 EL flüssiger Honig
Für das Pesto:
4 getrocknete Tomaten
20 g Mandelkerne, geschält
2–3 Handvoll Basilikumblätter
1–2 Knoblauchzehen
4–6 EL Olivenöl
2 EL frisch geriebener Parmesan
Salz und Pfeffer
1–2 TL Zitronensaft

Für 4 Personen

Zubereitungszeit: 20 Minuten
Garzeit: ca. 25 Minuten

Den Backofen auf 200 °C Ober- und Unterhitze vorheizen. |
Die Champignons putzen und die Stiele entfernen. Eine für den Backofen geeignete Form mit etwas Olivenöl auspinseln und die Pilze hineinsetzen. Mit dem restlichen Olivenöl beträufeln, mit Salz und Pfeffer würzen und im Backofen 20–25 Minuten backen. Den Brie in Scheiben schneiden. Den Käse in den letzten 5–10 Minuten auf den Pilzen verteilen, mit dem Honig beträufeln und goldbraun backen. |
Für das Pesto die getrockneten Tomaten klein hacken. Die Mandelkerne in einer Pfanne kurz hellbraun anrösten. Herausnehmen und in den Mixer geben. Die Basilikumblätter abbrausen, trocken schütteln und zu den Mandelkernen geben. Den Knoblauch schälen und ebenfalls hinzufügen. Alles fein pürieren und dabei das Olivenöl zufließen lassen, bis ein cremiges Pesto entstanden ist. Den Parmesan und die getrockneten Tomaten untermischen und mit Salz, Pfeffer und dem Zitronensaft abschmecken. |
Die überbackenen Pilze mit dem Pesto beträufeln und servieren.

Polenta-Tartelettes mit Pilzen, Speck und Petersilie

Diese Tartelettes sehen nicht nur hübsch aus, sie sind auch unglaublich lecker und ganz leicht zuzubereiten.

ca. 800 ml Gemüsebrühe
250 g Instantpolenta
2 Schalotten
1 Knoblauchzehe
250 g kleine, gemischte Pilze (z. B. Braunkappen, Champignons, Pfifferlinge)
100 g geräucherter Speck
ca. 8 Petersilienzweige
40 g Butter
Salz und Pfeffer
40 g Parmesan, frisch gerieben
Butter, für die Förmchen

Für 4 Tartelette-Förmchen (Ø 10 cm)

Zubereitungszeit: 35 Minuten
Garzeit: ca. 15 Minuten

Die Gemüsebrühe in einem großen Topf zum Kochen bringen. Die Instantpolenta unter Rühren einrieseln lassen und aufkochen. Dann vom Herd nehmen und zugedeckt ca. 10 Minuten quellen lassen. |
Die Schalotten und den Knoblauch schälen und fein würfeln. Die Pilze gründlich putzen und je nach Größe ganz lassen, halbieren oder vierteln. Den geräucherten Speck fein würfeln. Die Petersilienzweige abbrausen, trocken schütteln, die Blätter von den Stielen zupfen und fein hacken. Dabei 6 kleine Blätter für die Garnitur beiseitelegen. |
In einer Pfanne 20 g der Butter schmelzen lassen, darin die Schalotten- und Knoblauchwürfel anschwitzen und die Pilze und den Speck dazugeben. Die Pilz-Speck-Mischung ca. 2–4 Minuten braten und anschließend mit Salz und Pfeffer würzen. |
Die Polenta mit dem Parmesan, der übrigen Butter, der Pilz-Speck-Mischung (bis auf 3 EL) und der Petersilie vermengen und mit Salz und Pfeffer abschmecken. Die Tartelette-Förmchen mit etwas Butter einfetten, die Masse anschließend hineinfüllen und mit einem Löffel fest andrücken. Die Polenta-Tartelettes auf 4 Teller stürzen und mit der übrigen Speck-Pilzmischung und der Petersilie garniert servieren.

Pikante Pilz-Muffins mit Schinken

Diese Muffins sind eine Bereicherung für jedes Brunch- oder Partybuffet. Bereiten Sie auf jeden Fall genug davon zu!

200 g braune Champignons
80 g geräucherter Schinken
1 EL frisch gehackter Thymian
225 g Mehl
1 TL Backpulver
1 TL Natron
Salz
80 ml mildes Olivenöl, (z. B. aus Kreta)
125 ml Buttermilch
2 Eier
Pfeffer
40 g Käse, gerieben (z.B. Emmentaler)
frischer Thymian, zum Garnieren

Für 12 Stück

Zubereitungszeit: 20 Minuten
Garzeit: ca. 25 Minuten

Den Backofen auf 180 °C Ober- und Unterhitze vorheizen. |
Die Champignons putzen. Drei Champignons beiseitelegen und die restlichen Pilze klein schneiden. Den geräucherten Schinken fein würfeln und mit dem Thymian vermischen. Das Mehl, das Backpulver, das Natron und 2 Prisen Salz mischen und mit dem Olivenöl, der Buttermilch und den Eiern verrühren. Den Teig mit Pfeffer würzen, und den geriebenen Käse und die Pilz-Schinken-Mischung unterheben. Die Vertiefungen eines Muffinbackblechs mit Papierförmchen auslegen und den Teig in die Vertiefungen füllen. Die Pilz-Muffins im Backofen ca. 25 Minuten backen. |
In der Zwischenzeit die beiseitegelegten Champignons in dünne Scheiben schneiden. Die Muffins aus dem Backofen nehmen, mit den Pilzscheiben und frischem Thymian garnieren und warm servieren.

Gebratene Pilze in Sahnesauce

Die Aromen der verschiedenen Pilzsorten kommen in diesem Gericht wunderbar zur Geltung. Servieren Sie frische Bandnudeln dazu – ein Gedicht!

1 kg gemischte Pilze (z. B. Steinpilze, Pfifferlinge, Austernpilze)
1 Zwiebel
1 Knoblauchzehe
3 EL Pflanzenöl, zum Braten
Salz und Pfeffer
1 Schuss trockener Weißwein
50 g Sahne
2 EL frisch gehackte Petersilie

Für 4 Personen

Zubereitungszeit: 25 Minuten
Garzeit: ca. 15 Minuten

Die Pilze putzen und je nach Größe ganz lassen, halbieren oder klein schneiden. Die Zwiebel und den Knoblauch schälen, die Zwiebel in Ringe schneiden und den Knoblauch fein hacken. |
2 EL des Pflanzenöls in einer Pfanne erhitzen und die Pilze darin portionsweise kräftig anbraten, mit Salz und Pfeffer würzen und wieder aus der Pfanne nehmen. Das restliche Pflanzenöl in die Pfanne geben und darin die Zwiebelringe und den Knoblauch goldbraun braten. |
Die Zwiebelringe und den Knoblauch mit dem Weißwein ablöschen und die Flüssigkeit aufkochen lassen. Die Sahne und die Petersilie unterrühren und die gebratenen Pilze unterheben. Die Pilzpfanne mit Salz und Pfeffer würzen und servieren.

Semmelknödel mit Pilzragout

Bei diesem Klassiker der Pilzküche läuft allen Pilzliebhabern das Wasser im Mund zusammen. Und die Zubereitung ist ganz einfach!

Für die Semmelknödel:
1 Schalotte
1 TL Butter
250 ml Milch
8 altbackene Brötchen
3 Eier
2 EL frisch gehackte Petersilie
Salz und Pfeffer

Für das Pilzragout:
800 g gemischte Pilze (z. B. Shiitake, Steinpilze, Champignons)
1 Schalotte
1 Knoblauchzehe
2 EL Butter
100 ml trockener Weißwein
300 g Sahne
Salz und Pfeffer
1 TL Speisestärke
2 EL frisch gehackte Petersilie

Für 4 Personen

Zubereitungszeit: 1 Stunde
Wartezeit: ca. 20 Minuten
Garzeit: ca. 30 Minuten

Für die Semmelknödel die Schalotte schälen und fein würfeln. Die Butter in einer Pfanne erhitzen und die Schalottenwürfel darin glasig anschwitzen. Die Milch in einem Topf erwärmen. |
Die Brötchen in Scheiben schneiden, in eine Schüssel geben und die warme Milch darüber gießen. Die Eier, die Petersilie und die Schalottenwürfel dazugeben, mit Salz und Pfeffer würzen und gut vermengen. Den Knödelteig etwa 20 Minuten ruhen lassen. Anschließend mit angefeuchteten Händen runde Knödel formen und diese in leicht köchelndem Salzwasser in ca. 20 Minuten gar ziehen lassen. |
In der Zwischenzeit für das Pilzragout die Pilze putzen und gegebenenfalls zerkleinern. Die Schalotte und den Knoblauch schälen und fein würfeln. Die Butter in einer Pfanne erhitzen und die Schalotten- und Knoblauchwürfel darin kurz anschwitzen. Die vorbereiteten Pilze dazuzugeben und einige Minuten anbraten. Mit dem Weißwein und der Sahne ablöschen, aufkochen lassen und mit Salz und Pfeffer würzen. Die Speisestärke in wenig Wasser glatt rühren und zum Pilzragout geben. Unter Rühren aufkochen lassen, die Petersilie untermischen und das Ragout abschmecken. |
Die Semmelknödel mit dem Pilzragout auf 4 Tellern anrichten und servieren.

Pilzknödel mit Lauchgemüse

In diesem Gericht werden die Pilze nicht als Ragout serviert, sondern in den Knödeln verarbeitet. Eine pfiffige Variante des Klassikers!

Für die Pilzknödel:
400 g Pfifferlinge
2 Schalotten
1 EL Butter
ca. 250 ml Milch
500 g altbackene Brötchen
3 Eier
2 EL frisch gehackte Petersilie
Semmelbrösel, falls nötig
Salz und Pfeffer
Muskat, frisch gerieben
Für das Lauchgemüse:
2 Stangen Lauch
1 EL Pflanzenöl
150 ml trockener Weißwein
300 g Sahne
4 EL Crème fraîche
Salz und Pfeffer
2 EL Schnittlauchröllchen, zum Garnieren

Für 4 Personen

Zubereitungszeit: 40 Minuten
Wartezeit: ca. 20 Minuten
Garzeit: ca. 30 Minuten

Für die Knödel die Pfifferlinge gründlich putzen und klein hacken. Die Schalotten schälen und fein würfeln. Die Butter in einem Topf erhitzen und die Pilze und die Schalotten darin anschwitzen, bis keine Flüssigkeit mehr vorhanden ist. Die Milch in einem Topf erwärmen. |
Die Brötchen in dünne Scheiben schneiden und die warme Milch darüber gießen. Die Eier, die Petersilie sowie die Schalotten-Pilz-Mischung dazugeben und alles gut vermengen. Etwa 20 Minuten ziehen lassen. Anschließend gut verkneten und noch Semmelbrösel untermischen, falls die Masse zu weich ist. Mit Salz, Pfeffer und Muskat abschmecken, runde Knödel formen und diese in nur leicht köchelndem Salzwasser in ca. 20 Minuten gar ziehen lassen. |
Den Lauch der Länge nach einschneiden, gründlich waschen, abtropfen lassen und in Scheiben schneiden. In einer Pfanne das Pflanzenöl erhitzen, darin den Lauch farblos andünsten und mit dem Weißwein ablöschen. Den Wein etwas einreduzieren lassen und die Sahne und die Crème fraîche dazugeben. Die Sauce leicht sämig einköcheln lassen und mit Salz und Pfeffer abschmecken. Den Lauch mit der Sauce auf 4 Teller verteilen, die fertig gegarten und abgetropften Pilzknödel darauf setzen und mit Schnittlauchröllchen garniert servieren.

Überbackene Brotsuppe mit Steinpilzen

Durch die Verwendung von getrockneten Steinpilzen können Sie diese köstliche Suppe problemlos auch außerhalb der Steinpilzsaison zubereiten.

20 g getrocknete Steinpilze
2 Stangen Lauch
1–2 Knoblauchzehen
4 EL Butter
600 ml Gemüsebrühe
50 g Crème fraîche
200 g Bauernbrot
Salz und Pfeffer
60 g Bergkäse, gerieben
2 EL Schnittlauchröllchen, zum Garnieren

Für 4 Personen

Zubereitungszeit: 20 Minuten
Garzeit: ca. 20 Minuten

Den Backofen auf 225 °C Ober- und Unterhitze vorheizen. | Die getrockneten Steinpilze in 200 ml warmem Wasser einweichen. Den Lauch putzen, waschen und in Ringe schneiden. Den Knoblauch schälen und fein würfeln. 2 EL Butter in einem Topf erhitzen und den Lauch und den Knoblauch darin andünsten. Die Gemüsebrühe angießen und die eingeweichten Pilze mit dem Sud dazugeben. Für ca. 5 Minuten köcheln lassen. Die Crème fraîche unterrühren. | Das Bauernbrot in Würfel schneiden und in einer Pfanne in der übrigen Butter goldbraun braten. Anschließend in die Suppe geben. Mit Salz und Pfeffer abschmecken. | Die Suppe auf 4 ofenfeste Schälchen oder Teller verteilen. Mit dem geriebenen Bergkäse bestreuen und im vorgeheizten Backofen ca. 5 Minuten überbacken. Mit Schnittlauchröllchen garnieren und servieren.

Knusprige Polenta mit gebratenen Pilzen

Der milde Geschmack von Polenta harmoniert ganz wunderbar mit den kräftigen Aromen der Pilze. Es ist also nicht erstaunlich, dass die Kombination von Pilzen und Polenta mittlerweile zu den Klassikern der Pilzküche gehört.

Für die Polenta:
500 ml Gemüsebrühe
125 g Instantpolenta
Salz und Muskat
Olivenöl
2 EL Butter
Für die Pilze:
600 g gemischte Pilze (z. B. Pfifferlinge, Steinpilze, Austernpilze)
1 Zwiebel
1 Knoblauchzehe
Pflanzenöl, zum Braten
1 EL frisch gehackter Thymian
1 EL frisch gehackte Petersilie
Salz und Pfeffer

Für 4 Personen

Zubereitungszeit: 30 Minuten
Garzeit: ca. 15 Minuten

Die Gemüsebrühe in einem Topf zum Kochen bringen. Die Instantpolenta unter Rühren einrieseln lassen und aufkochen. Unter gelegentlichem Rühren etwa 5 Minuten ausquellen lassen. Die Polenta vom Herd nehmen und mit Salz und Muskat abschmecken. Ein Backblech mit Olivenöl bestreichen, die Polenta etwa 1–2 cm dick darauf streichen und mindestens 30 Minuten erkalten lassen. |

Die Pilze putzen und gegebenenfalls zerkleinern. Die Zwiebel und den Knoblauch schälen und fein würfeln. Etwas Pflanzenöl in einer Pfanne erhitzen und die Zwiebeln mit dem Knoblauch darin glasig dünsten. Die Pilze zugeben und unter Rühren andünsten, bis die beim Dünsten entstandene Flüssigkeit verdampft ist. Die gehackten Kräuter unterrühren und mit wenig Salz und Pfeffer abschmecken. |

Die Polenta vom Backblech stürzen und in Rechtecke (ca. 7 x 9 cm) schneiden. Die Butter in einer Pfanne zerlassen und die Polentascheiben darin knusprig anbraten. Die Polentascheiben zusammen mit den Pilzen auf 4 Tellern anrichten und servieren.

Gebratene Pilze mit Rote-Bete-Blättern auf cremiger Polenta

Das Pilzgemüse wird durch die Zugabe von Speck, Knoblauch und Orangenschale besonders würzig. Die cremige, milde Polenta ist daher der ideale Kombinationspartner!

Für das Gemüse:
150 g Rote-Bete-Blätter, ersatzweise Mangold oder Spinat
1–2 Knoblauchzehen
250 g Shiitake
250 g braune Champignons
100 g Frühstücksspeck
2 EL Rapsöl
1 unbehandelte Orange, Saft und geriebene Schale
Salz und Pfeffer

Für die Polenta:
500 ml Milch
1 TL Salz
250 g Instantpolenta
20 g Butter
50 g Parmesan, frisch gerieben
Salz und Pfeffer
Muskat, frisch gerieben

Für 4 Personen

Zubereitungszeit: 25 Minuten
Garzeit: ca. 15 Minuten

Die Rote-Bete-Blätter waschen, trocken schütteln, Stiele entfernen und die Blätter grob hacken. Den Knoblauch schälen und fein würfeln. Die Shiitake und Champignons putzen und in Scheiben schneiden. Den Frühstückspeck in kleine Stücke schneiden. |

Für die Polenta die Milch mit ca. 600 ml Wasser in einem Topf zum Kochen bringen. Etwa 1 TL Salz dazugeben. Die Instantpolenta unter Rühren einrieseln lassen und aufkochen. Unter gelegentlichem Rühren etwa 5 Minuten bei kleinster Hitze ausquellen lassen. Falls die Polenta zu fest wird, noch etwas Milch oder Wasser unterrühren. Die Butter und den Parmesan untermischen und mit Salz, Pfeffer und Muskat abschmecken. |

In der Zwischenzeit in einer Pfanne den Speck knusprig auslassen. Den Speck herausnehmen und auf Küchenkrepp abtropfen lassen. Das Rapsöl in die heiße Pfanne geben und die Pilze und den Knoblauch darin 2–3 Minuten bei hoher Hitze braten und dabei die anfallende Flüssigkeit verdampfen lassen. Dann die Rote-Bete-Blätter untermischen und mitbraten, bis sie zusammenfallen. Den Speck untermengen, den Orangensaft und die Orangenschale hinzufügen und mit Salz und Pfeffer würzen. |

Die Polenta auf 4 Teller verteilen, die Pilze darauf anrichten und servieren.

Bratkartoffeln mit Espenrotkappen und Parmesan

Espenrotkappen sind in rohem Zustand giftig, geschmort jedoch völlig unbedenklich und eine Köstlichkeit! Sie verfärben sich beim Braten schwarz – so wird aus einem bodenständigen Gericht ein optisches Highlight!

800 g Pellkartoffeln, gegart
1 Handvoll glatte Petersilie
400 g Espenrotkappen, ersatzweise Steinpilze
4 Knoblauchzehen
4 EL Rapsöl
2 EL Butter
Salz und Pfeffer
40 g Parmesan, frisch gerieben

Für 4 Personen

Zubereitungszeit: 15 Minuten
Garzeit: ca. 20 Minuten

Die Kartoffeln pellen und in Scheiben schneiden. Die Petersilie waschen, trocken schütteln und grob hacken. Die Espenrotkappen putzen; dafür die Kappen mit einem feuchten Küchentuch abreiben und die Stiele mit einem Messer von Verunreinigungen befreien. Die Pilze in Scheiben schneiden. Den Knoblauch schälen und fein hacken. | Das Rapsöl in einer großen, beschichteten Pfanne erhitzen und die Kartoffelscheiben darin von allen Seiten leicht anbraten. Die Butter, den Knoblauch und die Pilze hinzufügen und unter gelegentlichem Wenden 5–7 Minuten weiter braten. Dabei mit Salz und Pfeffer würzen. Die Pilz-Kartoffelpfanne auf 4 Teller verteilen, mit Parmesan und Petersilie bestreuen und servieren.

Risotto mit Pilzen und Stilton

Mascarpone und Parmesan verleihen diesem Risotto eine cremige Konsistenz, die Pilze geschmackliche Tiefe, und der Stilton die extra Portion Würze. Ein Wohlfühlgericht zum Schwelgen!

2 Schalotten
1 Knoblauchzehe
ca. 800 ml Gemüsebrühe
2 EL Olivenöl
350 g Risottoreis (z. B. Carnaroli)
150 ml trockener Weißwein
1 Handvoll Thymianzweige
300 g gemischte Pilze (z. B. Shiitake, Kräuterseitlinge, Golden Enoki)
20 g Butter
1 unbehandelte Zitrone, Saft und geriebene Schale
Salz und Pfeffer
125 g Stilton
70 g Mascarpone
15 g Parmesan, frisch gerieben

Für 4 Personen

Zubereitungszeit: 30 Minuten
Garzeit: ca. 20 Minuten

Die Schalotten und den Knoblauch schälen und fein würfeln. Die Gemüsebrühe zum Kochen bringen. Das Olivenöl in einem breiten Topf erhitzen und die Schalotten und den Knoblauch darin unter Rühren glasig anschwitzen. Den Risottoreis dazugeben und glasig anschwitzen, bis er leise knistert. Mit dem Weißwein ablöschen und kochen lassen, bis der Reis die Flüssigkeit fast vollständig aufgenommen hat. Den Reis mit einem Teil der Gemüsebrühe knapp bedecken und bei mittlerer Hitze 15–20 Minuten garen. Dabei ab und zu etwas Brühe nachgießen. Zum Ende der Garzeit sollte die Brühe fast vollständig vom Reis aufgesogen sein und der Reis noch leichten Biss haben. |

In der Zwischenzeit die Thymianzweige abbrausen und trocken schütteln. Von der Hälfte der Zweige die Blätter von den Zweigen zupfen und hacken. Die übrigen Zweige für die Garnitur beiseitelegen. Die Pilze putzen. Die Shiitake halbieren oder ganz belassen. Die Kräuterseitlinge in dünne Scheiben schneiden. Die Butter in einer Pfanne erhitzen und die Pilze darin 2–3 Minuten anbraten. Anschließend den Zitronensaft und die Zitronenschale hinzufügen, mit Salz und Pfeffer würzen, den gehackten Thymian untermischen und bei geringer Hitze noch 2–3 Minuten ziehen lassen. Den Stilton in vier gleichgroße Scheiben schneiden. |

Den Mascarpone und den Parmesan unter das Risotto rühren und mit Salz und Pfeffer abschmecken. Das Risotto auf 4 Teller verteilen, den Stilton und die Pilze darauf anrichten und mit den übrigen Thymianzweigen garniert servieren.

Gnocchi mit Rahmpfifferlingen und Basilikum

In diesem schnell zubereiteten Mittagessen kommt das herrliche Aroma der Pfifferlinge besonders zur Geltung und wird durch das frische Basilikum wunderbar ergänzt!

400 g Pfifferlinge
2 Knoblauchzehen
5 EL Olivenöl
Salz und Pfeffer
250 g Sahne
1 TL Zitronensaft
800 g frische Gnocchi, aus dem Kühlregal
1 Handvoll Basilikumblätter
unbehandelte Zitronenzesten, zum Garnieren

Für 4 Personen

Zubereitungszeit: 20 Minuten
Garzeit: ca. 15 Minuten

Die Pfifferlinge sehr kurz in warmem Wasser waschen, sofort in einem Sieb abtropfen lassen und auf einem Küchentuch trocken tupfen. Danach die Pfifferlinge putzen. |
Den Knoblauch schälen und fein hacken. Das Olivenöl in einer Pfanne erhitzen und die Pfifferlinge darin leicht braun anbraten. Den Knoblauch dazugeben und glasig werden lassen. Mit Salz und Pfeffer würzen und mit der Sahne und dem Zitronensaft ablöschen. Die Flüssigkeit bei mittlerer Hitze ca. 3 Minuten einkochen lassen. |
Die Gnocchi nach Packungsanleitung in kochendem Salzwasser garen, abgießen und abtropfen lassen. Die Basilikumblätter waschen, trocken schütteln und in kleine Stücke zupfen. Die Rahmpfifferlinge mit Salz und Pfeffer abschmecken, in 4 tiefen Tellern anrichten und die Gnocchi darüber verteilen. Mit den Basilikumblättern und den Zitronenzesten garnieren und servieren.

Speckkuchen mit Pilzen

Wenn es draußen kühler wird, dürfen die Mahlzeiten gern auch einmal etwas herzhafter sein. Die Kombination von Speck, Pilzen und der luftigen Käsecreme ist einfach köstlich!

Für den Teig:
200 g Mehl
125 g Butter
1 Ei
1 TL Salz
Butter und Mehl, für die Form

Für den Belag:
200 g geräucherter Speck
1 Zwiebel
250 g Egerlinge
4 Eier
150 ml Milch
250 g Sahne
100 g Crème fraîche
75 g Gruyère, frisch gerieben
Salz und Pfeffer
Muskat, frisch gerieben

Für 1 Springform (Ø 26 cm) bzw. für 10–12 Stücke

Zubereitungszeit: 40 Minuten
Wartezeit: ca. 30 Minuten
Garzeit: ca. 1 Stunde 5 Minuten

Aus dem Mehl, der Butter, dem Ei und dem Salz einen Mürbeteig zubereiten, den Teig in Folie wickeln und im Kühlschrank ca. 30 Minuten ruhen lassen. |
Die Springform mit Butter einfetten und mit Mehl bestäuben. Den Teig ausrollen, die Springform damit auslegen und nochmals in den Kühlschrank stellen. |
Den Backofen auf 200 °C Ober- und Unterhitze vorheizen. |
Den geräucherten Speck fein würfeln. Die Zwiebel schälen und ebenfalls fein würfeln. Die Egerlinge putzen und in Scheiben schneiden. Den Speck in einer Pfanne, ohne Zugabe von Fett, kurz auslassen, knusprig braten und aus der Pfanne nehmen. In dem Speckfett die Pilze anbraten, die Zwiebel zugeben, kurz mitbraten, aus der Pfanne nehmen und abkühlen lassen. Die Eier verquirlen und mit der Milch, der Sahne, der Crème fraîche, dem Gruyère, der Pilzmischung und dem Speck mischen. Den Belag mit Salz, Pfeffer und Muskat würzen und in die gekühlte Springform füllen. |
Den Speckkuchen im vorgeheizten Backofen in 50–60 Minuten goldbraun backen. Herausnehmen, kurz abkühlen lassen, aus der Form lösen und in Stücke geschnitten servieren.

Pilz-Pie mit Fetakäse

Unter der knusprigen Hülle verbirgt sich eine aromatische Füllung aus Pilzen, Feta und Thymian. Schon allein der Duft ist unwiderstehlich!

Für den Teig:
250 g Mehl
1 TL Salz
125 g kalte Butter
1 TL weißer Balsamico
Mehl, zum Arbeiten
Butter, für die Form

Für den Belag:
2–3 Thymianzweige
1 Knoblauchzehe
200 g Feta
1 getrocknete Chilischote
4 EL Crème fraîche
1–2 TL Balsamico
Salz und Pfeffer
400 g Pilze (z. B. Shiitake)
2 EL Olivenöl
1 EL Honig

Für 1 Tarteform (Ø 24 cm)

Zubereitungszeit: 1 Stunde
Wartezeit: ca. 1 Stunde
Garzeit: ca. 35 Minuten

Das Mehl mit dem Salz mischen, die Butter in kleinen Stücken dazugeben und 4 EL kaltes Wasser sowie den weißen Balsamico ergänzen. Die Mischung mit einem Teigschaber zu kleinen Krümeln hacken und anschließend rasch zu einem glatten Teig verkneten. Den Teig in Folie wickeln und ca. 1 Stunde in den Kühlschrank legen. |
Die Thymianzweige abbrausen, trocken schütteln und die Blättchen von den Zweigen zupfen. Etwa die Hälfte der Blättchen fein hacken. Den Knoblauch schälen und in eine Schale pressen. Den Feta zerbröckeln und die Hälfte zum Knoblauch geben. Die Chilischote fein hacken. Die Crème fraîche, die kleingehackte Chili, den Balsamico und den gehackten Thymian zur Feta-Knoblauch-Mischung geben und verrühren. Mit Salz und Pfeffer abschmecken. |
Die Pilze putzen und klein schneiden. Das Olivenöl in einer Pfanne erhitzen und die Pilze unter Rühren 5–7 Minuten braun braten. Die dabei anfallende Flüssigkeit verdampfen lassen. Die Pilze mit Salz und Pfeffer würzen, dann vom Herd nehmen und abkühlen lassen. |
Den Backofen auf 200 °C Ober- und Unterhitze vorheizen. |
Den Teig auf einer bemehlten Arbeitsfläche ca. 3 mm dünn rund ausrollen. Die Tarteform mit etwas Butter einfetten und den Teig hineinlegen. Dabei sollte der Teig etwa 5 cm überhängen. Die Fetacreme auf dem Boden verstreichen und die Pilze darauf geben. Die Füllung mit dem Honig beträufeln. Den Teig rundherum einschlagen und in Falten gelegt leicht andrücken. |
Die Pie im Backofen in ca. 30 Minuten goldbraun backen. Nach Belieben warm oder bei Zimmertemperatur mit dem übrigen Feta und Thymian bestreut servieren.

Quiche mit Champignons und Thymian

In Kombination mit einem knackigen Salat ist diese Pilz-Quiche ein unkompliziertes Mittag- oder Abendessen für die ganze Familie.

200 g Champignons
1 Zwiebel
2 EL Butter
Salz und Pfeffer
6 Eier
50 g Sahne
400 g Blätterteig
Mehl, für die Arbeitsfläche
1 EL frisch gehackter Thymian
Thymianzweige, zum Garnieren

Für 1 rechteckige Kuchenform (15 x 20 cm)

Zubereitungszeit: 30 Minuten
Garzeit: ca. 40 Minuten

Die Champignons putzen und in Scheiben schneiden. Die Zwiebel schälen und in feine Scheiben schneiden. Die Butter in einer Pfanne erhitzen und die Pilze zusammen mit den Zwiebelscheiben darin ca. 5 Minuten leicht gebräunt braten. Mit Salz und Pfeffer würzen. | Die Eier mit der Sahne verquirlen und mit Salz und Pfeffer abschmecken. Den Backofen auf 200 °C Ober- und Unterhitze vorheizen. |

Den Blätterteig auf einer bemehlten Arbeitsfläche rechteckig ausrollen und die mit Backpapier ausgelegte Form damit auskleiden. Dabei einen Rand formen. Die Pilz-Zwiebelmischung auf dem Teigboden verteilen und mit den verquirlten Eiern übergießen. Mit den Thymianblättchen bestreuen und im Backofen ca. 35 Minuten backen. Mit Thymianzweigen garnieren und heiß servieren.

Pilz-Chili-Dip

Mit diesem ungewöhnlichen Dip werden Sie Ihre Gäste überraschen. Komplimente sind Ihnen sicher!

1 Aubergine (ca. 200 g)
200 g Pilze (z. B. Shiitake oder Austernpilze)
1 rote Zwiebel
1 weiße Zwiebel
1–2 rote Chilischoten
1 Limette, Saft
1 EL Erdnussöl
1 Handvoll Koriandergrün
10 g Ingwer
1–2 EL Fischsauce
Salz und Pfeffer

Für 4 Personen

Zubereitungszeit: 30 Minuten
Garzeit: ca. 40 Minuten

Den Backofen auf 220 °C Ober- und Unterhitze vorheizen. Ein Backblech mit Backpapier belegen. |
Die Aubergine waschen, mit einer Gabel mehrmals einstechen und im Backofen auf dem Backblech in ca. 40 Minuten weich backen. |
Die Pilze putzen und in Scheiben oder Streifen schneiden. Die Zwiebeln schälen und in dünne Spalten schneiden. Die Chilischote(n) waschen und in grobe Stücke schneiden (wer es nicht so scharf mag, kann die Kerne entfernen). Die Pilze, die Zwiebelspalten und die Chilistücke mit dem Limettensaft und dem Erdnussöl vermischen und das Gemüse in den letzten 15–20 Minuten mit zur Aubergine auf das Backblech geben. |
In der Zwischenzeit den Koriander abbrausen, trocken schütteln und grob hacken. Den Ingwer schälen und reiben. |
Das Gemüse aus dem Ofen nehmen, abkühlen lassen und die Aubergine längs halbieren. Das Auberginenfleisch aus der Schale lösen und mit der Pilz-Chili-Mischung in den Mörser geben. Das Koriandergrün, die Fischsauce sowie etwas Salz und Pfeffer dazugeben und vermengen. Mit dem Mörser bis zur gewünschten Konsistenz zerkleinern und mit Salz und Pfeffer abschmecken. In eine Schale füllen und servieren.

Crostini mit Knoblauchcreme und Pfifferlingen Aglio Olio

Diese knusprigen Crostini sind ein edles Amuse Gueule zum Auftakt eines herbstlichen Menüs.

Für die Knoblauchcreme:
4–5 frische Knoblauchzehen
2 Eigelb
1 TL scharfer Senf
Salz und weißer Pfeffer
200 ml Olivenöl
½ EL Zitronensaft

Für die Pilze:
300 g Pfifferlinge
1 Knoblauchzehe
2 EL Olivenöl
Salz und Pfeffer

Außerdem:
8 Scheiben Weißbrot
1–2 EL grob gehackter Kerbel

Für 4 Personen

Zubereitungszeit: 40 Minuten
Garzeit: ca. 3 Minuten

Für die Knoblauchcreme sollten alle Zutaten Zimmertemperatur haben. Den Knoblauch schälen und in eine große Schüssel pressen. Die Eigelbe, den Senf sowie eine Prise Salz und weißen Pfeffer zugeben. Die Masse in der Schüssel aufschlagen, bis sie weiß und cremig ist. Das Olivenöl zunächst tröpfchenweise, später langsam fließend unter ständigem Rühren zufügen. Das Olivenöl immer vollständig mit der Masse verrühren, bevor neues zugegeben wird. Zum Schluss den Zitronensaft unterrühren. Mit Salz abschmecken und bis zum Servieren kalt stellen. |
Den Backofen auf Grillfunktion vorheizen. |
Die Pfifferlinge putzen und je nach Größe ganz lassen oder halbieren. Den Knoblauch schälen und fein hacken. Das Olivenöl in einer Pfanne erhitzen und die Pfifferlinge darin mit dem Knoblauch ca. 3 Minuten goldbraun braten. Mit Salz und Pfeffer würzen. |
Für die Crostini die Weißbrotscheiben auf das Backofengitter legen und von beiden Seiten unter dem Grill goldbraun rösten. |
Zum Servieren die Knoblauchcreme auf die Crostini streichen und mit den gebratenen Pilzen belegen. Mit dem Kerbel bestreuen und sofort servieren.

Steinpilze mit Rosmarin, Parmesan und Chiliflocken

Mit diesem Rezept zaubern Sie mit wenigen Zutaten und in kürzester Zeit eine vorzügliche Vorspeise. Die mediterrane Würzung der edlen Steinpilze wird auch anspruchsvolle Gäste begeistern!

2 EL Pinienkerne
4–5 Rosmarinzweige
1 kg Steinpilze
2 EL Butter
2 EL Olivenöl
Salz und Pfeffer
50 g Parmesan, frisch gerieben
Chiliflocken

Für 4 Personen

Zubereitungszeit: 25 Minuten
Garzeit: ca. 7 Minuten

Die Pinienkerne in einer Pfanne ohne Fett goldbraun rösten, bis sie duften. Herausnehmen und abkühlen lassen. Die Rosmarinzweige abbrausen und trocken schütteln. Von einem Zweig die Nadeln abstreifen und klein hacken. Die übrigen Zweige in kleine Stücke schneiden. Die Steinpilze gründlich putzen. Kleine Pilze ganz lassen oder halbieren, größere Pilze in Scheiben schneiden. |
Die Butter und das Olivenöl in einer Pfanne erhitzen und die Pilze darin bei hoher Hitze 1–2 Minuten anbraten, dann die Temperatur etwas reduzieren und weitere 5 Minuten von allen Seiten braten. Dabei den gehackten Rosmarin sowie die Zweige unterschwenken und mitbraten. Mit Salz und Pfeffer würzen. Die gebratenen Pilze auf 4 Schälchen verteilen und mit den Pinienkernen, dem Parmesan und Chiliflocken bestreut sofort servieren.

Morchelsuppe mit Blätterteiggebäck

Als Begleiter dieser edlen Suppe sorgen die fein gewürzten Blätterteigstangen für extra Knuspergenuss! Statt frischer Morcheln können Sie auch 20 g getrocknete, eingeweichte Morcheln verwenden.

Für die Blätterteigstangen:
100 g Macadamianüsse
275 g Blätterteig
1 Ei
2 EL Sahne
½ TL edelsüßes Paprikapulver
Salz
2 TL Fenchelsamen

Für die Suppe:
200 g kleine frische Morcheln
250 g Fenchel
1 Schalotte
20 g Butter
150 ml trockener Weißwein
600 ml Gemüsebrühe
150 g Sahne
2 Eigelb
Salz und Pfeffer
frisch gehackter Dill

Für 4 Personen

Zubereitungszeit: 40 Minuten
Garzeit: ca. 40 Minuten

Den Backofen auf 220 °C Ober- und Unterhitze vorheizen und ein Backblech mit Backpapier belegen. |
Die Macadamianüsse grob hacken und 2–3 EL davon zur Seite legen. Den Blätterteig ausrollen und längs halbieren. Das Ei trennen und mit dem Eiweiß einen Blätterteigstreifen dünn besteichen. Den zweiten Blätterteig darauf legen. Das Eigelb mit der Sahne, dem Paprikapulver und etwas Salz verrühren und den Teig damit bestreichen. Mit den Nüssen und den Fenchelsamen bestreuen und in 8 Streifen schneiden. Die Teigstreifen mit etwas Abstand zueinander auf das Backblech legen und ca. 20 Minuten backen. |
In der Zwischenzeit die Morcheln putzen. Den Fenchel waschen, putzen und in Streifen schneiden. Die Schalotte schälen und fein hacken. Die Butter in einem Topf erhitzen und die Schalotte darin andünsten. Den Fenchel und die Morcheln 2–3 Minuten mitdünsten, dann mit dem Weißwein ablöschen und die Gemüsebrühe angießen. 10–15 Minuten leise köcheln lassen. Die Sahne mit den Eigelben verquirlen. Die Sahne-Ei-Mischung bei geringer Temperatur unter die Suppe rühren und leicht cremig binden lassen. Nicht mehr kochen lassen, da das Ei sonst gerinnt. Die Suppe mit Salz und Pfeffer abschmecken und in 4 Schalen füllen. Mit dem Dill und den übrigen Macadamianüssen garnieren und die Blätterteigstangen dazu reichen.

Steinpilzpizza

Steinpilze veredeln diese Pizza Bianca und zaubern aus einer einfachen Pizza ein echtes Feinschmeckergericht!

Für den Teig:
½ Würfel frische Hefe (21 g)
1 Prise Zucker
400 g Mehl
3 EL Olivenöl
1 TL Salz
Mehl, zum Arbeiten

Für den Belag:
350 g Steinpilze
2 Knoblauchzehen
2 EL frisch gehackte Petersilie
4 EL Olivenöl
150 g Crème fraîche
1 Eigelb
2 EL frisch geriebener Parmesan
Salz und Pfeffer

Für 4 Personen

Zubereitungszeit: 30 Minuten
Wartezeit: ca. 1 Stunde
Garzeit: ca. 15 Minuten

Für den Teig die Hefe in eine Schüssel bröckeln und mit dem Zucker sowie ca. 175 ml lauwarmem Wasser glatt rühren. Das Mehl mit dem Olivenöl und dem Salz zugeben und alles zu einem geschmeidigen Teig verkneten. Zugedeckt an einem warmen Ort ca. 1 Stunde gehen lassen. |

Den Backofen auf höchster Stufe (230–250 °C) Ober- und Unterhitze mit einem oder mehreren Backblechen vorheizen. |

Die Steinpilze putzen und in Scheiben schneiden. Den Knoblauch schälen, fein hacken und mit der Petersilie sowie 2 EL Olivenöl verrühren. Die Crème fraîche mit dem Eigelb und dem Parmesan glatt rühren. |

Aus dem Teig 4 Kugeln formen, auf wenig Mehl zu runden Teigfladen ausrollen und diese auf 1 oder 2 Stück Backpapier legen. Die Knoblauchcreme auf den Teig streichen und dabei einen schmalen Rand frei lassen. Nun die Steinpilze auf der Knoblauchcreme verteilen und mit dem restlichen Olivenöl bepinseln. Die fertig belegten Pizzen mit dem Backpapier vorsichtig auf die heißen Backbleche legen und im Backofen 15–20 Minuten goldbraun backen. Mit Salz und Pfeffer würzen und servieren.

Steinpilzravioli in Salbeibutter

Ravioli selbst zuzubereiten ist etwas aufwändiger, aber die Mühe lohnt sich: Das Ergebnis wird Sie und Ihre Gäste begeistern!

Für den Teig:
300 g Weizenmehl
3 Eier
2 EL Olivenöl
¼ TL Salz
Mehl, zum Arbeiten

Für die Füllung:
2 Schalotten
1 Knoblauchzehe
250 g Steinpilze
20 g Butter
2 EL Semmelbrösel
1 EL frisch gehackte glatte Petersilie
Salz und Pfeffer
1 Ei

Für die Salbeibutter:
1 Handvoll Salbeiblätter
60 g Butter
3 EL Olivenöl
Salz und Pfeffer

Für 4 Personen

Zubereitungszeit: 1 Stunde
Wartezeit: ca. 2 Stunden
Garzeit: ca. 15 Minuten

Für den Teig das Mehl auf die Arbeitsfläche häufen und eine Vertiefung in die Mitte drücken. Die Eier verquirlen und in die Vertiefung gießen. Das Olivenöl und das Salz zugeben und von der Mitte ausgehend mit immer mehr Mehl vermischen. So lange von Hand kneten, bis ein glatter, fester Teig entstanden ist. Den Teig zu einer Kugel formen, in Frischhaltefolie wickeln und 2 Stunden im Kühlschrank kalt stellen. |

Für die Füllung die Schalotten und den Knoblauch schälen und sehr fein würfeln. Die Steinpilze putzen und klein schneiden. Bei großen Steinpilzen die Röhren entfernen. Die Butter in einer Pfanne erhitzen und den Knoblauch und die Schalotten darin glasig andünsten. Die Pilze dazugeben und bei hoher Temperatur ca. 5 Minuten leicht braun anbraten. Die Pfanne vom Herd ziehen, die Semmelbrösel und die Petersilie zu den Pilzen geben und mit Salz und Pfeffer würzen. Auf Zimmertemperatur abkühlen lassen. |

Den Teig portionsweise mithilfe einer Nudelmaschine dünn ausrollen und mit etwas Mehl bestäuben. Aus dem Teig Quadrate von 6–8 cm Kantenlänge schneiden und die Pilzmasse mit einem Teelöffel jeweils in die Mitte der Quadrate geben. Das Ei verquirlen und die Ränder der Quadrate damit bepinseln. Den Teig zu dreieckigen Ravioli einklappen und die Ränder gut festdrücken. In einem Topf Salzwasser zum Kochen bringen und die Ravioli in siedendem Wasser 1–2 Minuten gar ziehen lassen. |

In der Zwischenzeit für die Salbeibutter die Salbeiblätter waschen und trocken schütteln. Die Butter und das Olivenöl in einer Pfanne erhitzen und darin die Blätter kurz anbraten. Die Ravioli abtropfen lassen, in die Pfanne geben, 1–2 Minuten in der Salbeibutter schwenken und salzen. Anschließend die Ravioli mit den Salbeiblättern auf 4 Tellern anrichten und mit Pfeffer bestreut servieren.

Perlgraupen-Risotto mit Morcheln und Frühlingszwiebeln

Wenn Sie lieber frische Morcheln verwenden möchten, benötigen Sie 150 g. Das Einweichen in Sherry entfällt bei dieser Variante. Frische Morcheln sollten Sie sorgfältig auf sandige Stellen untersuchen und gut putzen, damit dem Genuss nichts im Wege steht!

20 g getrocknete Spitzmorcheln
100 ml trockener Sherry
3 Schalotten
3 Knoblauchzehen
ca. 800 ml Gemüsebrühe
6 EL Olivenöl
300 g Perlgraupen
100 ml trockener Weißwein
Salz und Pfeffer
2 Frühlingszwiebeln
frischer Kerbel, zum Garnieren

Für 4 Personen

Zubereitungszeit: 20 Minuten
Wartezeit: ca. 20 Minuten
Garzeit: ca. 30 Minuten

Die Morcheln ca. 20 Minuten im Sherry einweichen. In einem Sieb abtropfen lassen und den Sherry unter dem Sieb auffangen. Große Morcheln halbieren und den Sand entfernen. Die Morcheln auf Küchenpapier abtropfen lassen. Den Sherry durch etwas Küchenpapier filtern. |

Die Schalotten und den Knoblauch schälen und fein würfeln. Die Gemüsebrühe zum Kochen bringen. Das Olivenöl in einem breiten Topf erhitzen und die Schalotten und den Knoblauch darin unter Rühren glasig anschwitzen. Die Morcheln und die Perlgraupen dazugeben und kurz mit anschwitzen. Mit dem Weißwein und dem Sherry ablöschen und kochen lassen, bis die Graupen die Flüssigkeit fast vollständig aufgenommen haben. Mit Salz und Pfeffer würzen. |

Die Graupen mit der Gemüsebrühe knapp bedecken und bei mittlerer Hitze unter Rühren 20–25 Minuten köcheln lassen. Dabei ab und zu etwas Brühe nachgießen. Die Brühe sollte gegen Ende der Garzeit fast vollständig aufgesogen sein und die Perlgraupen noch einen leichten Biss haben. |

In der Zwischenzeit die Frühlingszwiebeln putzen, waschen, in kleine Röllchen schneiden und in das fertige Risotto einrühren. Das Risotto in 4 tiefen Tellern anrichten, mit frischem Kerbel garnieren und servieren.

Seehecht mit Pilzen, Haselnüssen und knusprigem Salbei

Dies ist ein wunderbar leichtes Hauptgericht: Knuspriges Fischfilet wird begleitet von Pilzen, Haselnüssen, knusprigem Salbei und einer schaumigen Weißweinsauce.

4 Seehechtfilets à ca. 170 g
1 Zitrone, Saft
100 g Haselnusskerne, geschält
1 Handvoll Salbeiblätter
350 g gemischte Pilze (z.B. Shiitake, kleine braune Champignons, Austernpilze)
150 g Sahne
100 ml trockener Weißwein
Salz und Pfeffer
4 EL Butter
Mehl, zum Wenden
2 EL Olivenöl

Für 4 Personen

Zubereitungszeit: 30 Minuten
Garzeit: ca. 15 Minuten

Die Seehechtfilets abbrausen, trocken tupfen, jeweils halbieren, mit dem Zitronensaft beträufeln und etwas ziehen lassen. Die Haselnusskerne in einer heißen Pfanne ohne Fett hellbraun rösten, dabei ab und zu schwenken. Die Nüsse herausnehmen und abkühlen lassen. Die Salbeiblätter abbrausen und trocken schütteln. Die Pilze putzen und in Scheiben schneiden. |

Die Sahne mit dem Weißwein in einem Topf aufkochen und zu einer leicht cremigen Sauce einköcheln lassen. Mit Salz und Pfeffer abschmecken. |

1 EL Butter in einer Pfanne erhitzen und darin die Pilze 5–6 Minuten braten. Mit Salz und Pfeffer würzen. Die übrige Butter in einer weiteren Pfanne erhitzen. Die Fischfilets trocken tupfen, salzen, pfeffern und im Mehl wenden. Überschüssiges Mehl abklopfen und die Fischfilets auf beiden Seiten in 2–3 Minuten goldbraun braten. |

Die Pilze aus der Pfanne nehmen, warm halten und die Pfanne auswischen. Das Olivenöl hineingeben und die Salbeiblätter darin kurz knusprig braten. |

Die Fischfilets auf 4 Tellern anrichten und mit etwas Sauce übergießen. Die Pilze, die Nüsse und den Salbei darauf verteilen. Mit ein wenig Bratöl vom Salbei beträufeln und servieren.

Rehragout mit Pilzen und Cranberrys

Dieses feine Ragout vereint alle Köstlichkeiten des Waldes in sich: feine Pilze, edles Wildfleisch und aromatische Beeren.

1 kg Rehgulasch, aus der Schulter
1 EL Wacholderbeeren
1 TL weiße Pfefferkörner
2 Nelken
500 ml trockener Rotwein
Salz und Pfeffer
5 EL Butterschmalz
800 ml Wildfond
500 g kleine Zwiebeln
1 EL brauner Zucker
150 g Cranberrys
400 g gemischte Pilze (z. B. Pfifferlinge, Totentrompeten)

Für 4 Personen

Zubereitungszeit: 40 Minuten
Wartezeit: ca. 24 Stunden
Garzeit: ca. 1 Stunde 25 Minuten

Das Rehgulasch in eine Schüssel geben, die Gewürze hinzufügen und mit dem Rotwein übergießen. Die Schüssel in den Kühlschrank stellen und das Fleisch ca. 24 Stunden zugedeckt marinieren. |
Den Backofen auf 160 °C Ober- und Unterhitze vorheizen. |
Das Rehgulasch und die Gewürze aus der Marinade entfernen. Das Fleisch trocken tupfen und mit Salz und Pfeffer würzen. 3 EL Butterschmalz in einem Bräter erhitzen und das Fleisch darin portionsweise bei hoher Hitze 3–5 Minuten anbraten. Das angebratene Fleisch in den Bräter geben, die Hälfte der Marinade angießen und offen kochen lassen, bis die Flüssigkeit verdampft ist. Die übrige Marinade und den Wildfond angießen, einmal aufkochen lassen und das Fleisch im Backofen ca. 70 Minuten schmoren. |
Die Zwiebeln schälen und große Exemplare halbieren. Das übrige Butterschmalz in einer Pfanne erhitzen und die Zwiebeln darin ca. 6 Minuten dünsten. Den braunen Zucker über die Zwiebeln streuen und karamellisieren lassen. Die Cranberrys waschen und zu den Zwiebeln geben, 1–2 Minuten mitgaren, dann die Pfanne vom Herd nehmen. |
Die Pilze putzen und ohne Fett in einer Pfanne braten, bis alle Flüssigkeit verdampft ist. |
Das Rehgulasch aus der Sauce heben und warm halten. Die Sauce 5–10 Minuten einreduzieren lassen, dann die Zwiebeln, die Pilze und die Cranberrys hinzufügen. Das Ragout mit Salz und Pfeffer würzen und servieren.

Ofengeschnetzeltes mit Champignons und Spätzle

Geschnetzeltes, Champignons und Spätzle werden in eine Auflaufform geschichtet und im Ofen überbacken. Ein Festessen für die ganze Familie!

2 Eier
200 g Mehl
Salz
Butter, für die Form
250 g braune Champignons
4–5 Frühlingszwiebeln
500 g Schweinefilet
2 EL Rapsöl
Pfeffer
1 TL edelsüßes Paprikapulver
1 Prise rosenscharfes Paprikapulver
50 ml trockener Weißwein
150 g Sahne
125 g Hartkäse, gerieben (z. B. Bergkäse oder Emmentaler)

Für 4 Personen

Zubereitungszeit: 45 Minuten
Garzeit: ca. 35 Minuten

Die Eier in einer Schüssel verquirlen. Das Mehl und ca. 75 ml warmes Wasser zufügen und mit Salz würzen. Die Mischung mit den Knethaken des Handrührgeräts zu einem glatten, dickflüssigen Teig verrühren, bis er Blasen wirft. Wenn der Teig zäh von einem Kochlöffel fließt ohne zu reißen, hat er die richtige Konsistenz. |
In einem breiten Topf reichlich Wasser zum Kochen bringen. Das siedende Wasser salzen. Eine Teigportion in die Spätzlepresse füllen und die Spätzle direkt ins kochende Salzwasser drücken. Mit einem Messer oder einer Palette den Teig abstreifen. Das Wasser wieder aufkochen lassen, und die Spätzle aus dem Wasser heben. Abschrecken und gut abtropfen lassen. Das Prozedere widerholen, bis der Teig aufgebraucht ist. |
Den Backofen auf 200 °C Ober- und Unterhitze vorheizen. |
Mit der Butter eine Auflaufform einfetten. Die Spätzle in der gebutterten Auflaufform verteilen. Die Champignons putzen, kleine Exemplare ganz lassen, größere halbieren oder vierteln. Die Frühlingszwiebeln waschen, putzen und in feine Ringe schneiden. Das Schweinefilet waschen, trocken tupfen und in Streifen schneiden. Das Rapsöl in einer Pfanne erhitzen und das Fleisch unter Rühren kurz anbraten. Mit Salz, Pfeffer, edelsüßem und rosenscharfem Paprikapulver würzen. Die Champignons und die Frühlingszwiebeln untermischen, kurz mitbraten, dann mit dem Weißwein ablöschen und die Sahne angießen. Alles über die Spätzle geben, mit dem geriebenen Käse bestreuen und im Backofen ca. 20 Minuten überbacken. Heiß servieren.

Register

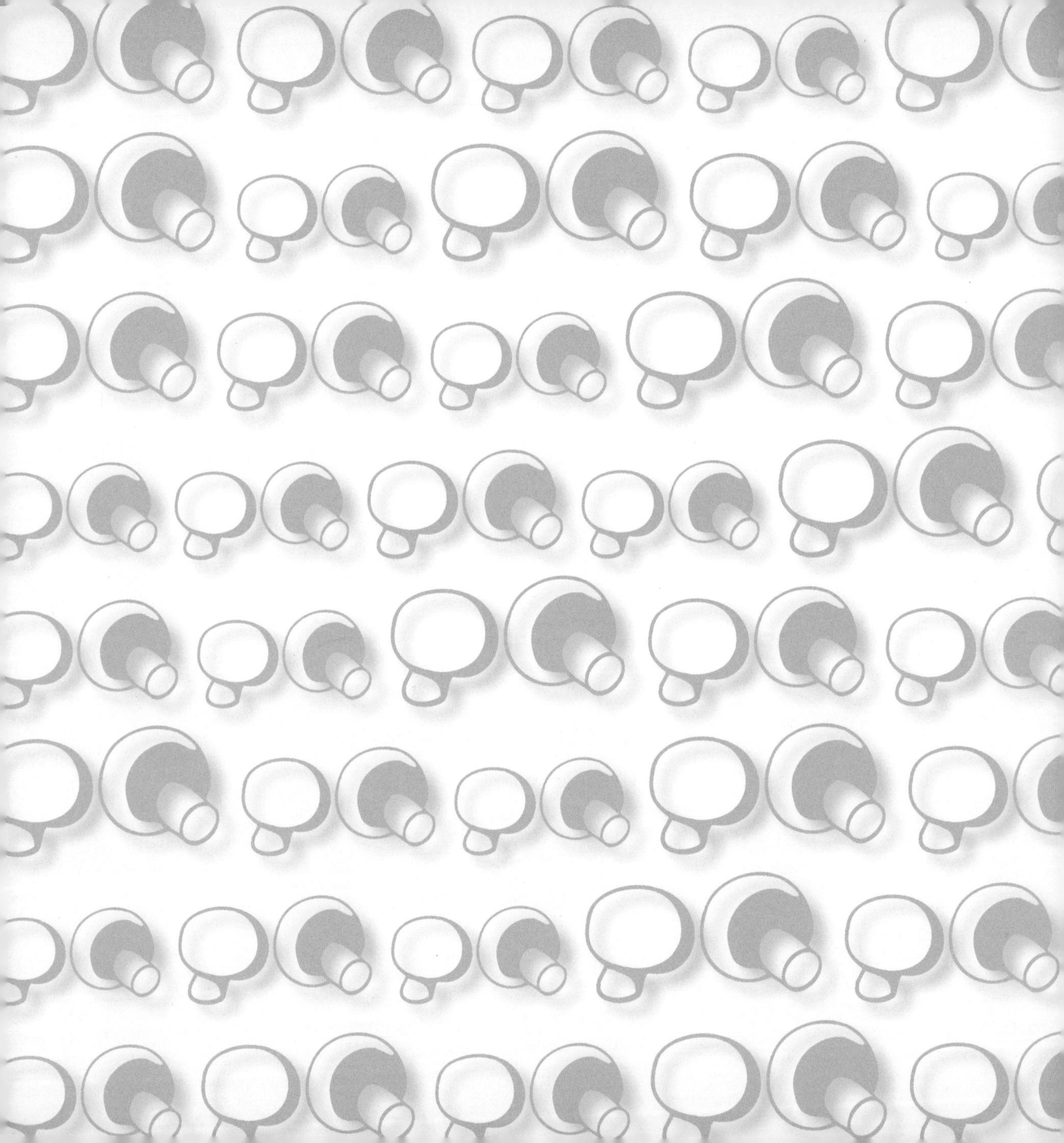